Todos los libros de Linkgua Ediciones cuentan con modelos de Inteligencia Artificial entrenados por hispanistas. Pregúntale al chat de tu libro lo que desees acerca de la obra o su autor/a.

Para ebooks: Accede a nuestro modelo de IA a través de este enlace.

Para libros impresos: Escanea el código QR de la portada con tu dispositivo móvil.

Obtén análisis detallados de nuestros libros, resúmenes, respuestas a tus preguntas y accede a nuestras ediciones críticas generativas para una experiencia de lectura más enriquecedora.
La transparencia y el respeto hacia la autoría de las fuentes utilizadas son distintivos básicos de nuestro proyecto. Por ello, las respuestas ofrecen, mediante un sistema de citas, las fuentes con las que han sido elaboradas.

Luis Carrillo y Sotomayor

Poemas

Edición de Ramón García González

Barcelona 2024
Linkgua-ediciones.com

Créditos

Título original: Poemas.

© 2024, Red ediciones S.L.

e-mail: info@linkgua.com

Diseño de cubierta: Michel Mallard.

ISBN rústica ilustrada: 978-84-9816-582-1.
ISBN tapa dura: 978-84-1076-026-4.
ISBN ebook: 978-84-9897-979-4.

Cualquier forma de reproducción, distribución, comunicación pública o transformación de esta obra solo puede ser realizada con la autorización de sus titulares, salvo excepción prevista por la ley. Diríjase a CEDRO (Centro Español de Derechos Reprográficos, www.cedro.org) si necesita fotocopiar o escanear algún fragmento de esta obra.

Sumario

Créditos	4
Brevísima presentación	7
La vida	7
Sonetos	9
Hablando un ausente a la fuente	9
A una ausencia, partiéndose en galeras	11
A la alteza del pensamiento y su consuelo	13
A los despojos del rayo de Júpiter	15
Al ejemplo de cosas que fueron y se acabaron	17
A la ligereza y pérdida del tiempo	19
Al cuidado de la memoria del amor	21
Al desengaño de la fiereza del amor	23
A la flor de la juventud	25
A la eternidad del pensamiento	27
Canciones	29
Huyen las nieves, viste yerba el prado	31
Baña el cansado rostro, caluroso	33
Crece a medida de mi ausencia amarga	35
¡Oh tú, detén el paso presuroso!	37
Sosiega, ¡oh claro mar!, el ancho velo	41
Décimas a Pedro de Ragis, pintor excelente de Granada	43
Pues que imita tu destreza	45
Hoy favorecido dél	47
No traces ni hagas bosquejo	49
Para retratar su pelo	51

Fórmale rizado en parte	53
Deja colores del suelo	55
Cambia al ébano el color	57
Alienta el pincel y copia	59
Recoge su honesta vista	61
Forma dos nubes hermosas	63

Romances 65
Ya con la salud de Celia	67
Venus, Palas y Diana	69
A las lenguas de los mares	71
No me acabes pensamiento	75
Ojos negros de mis ojos	77

Redondillas 79
Si bien de mis accidentes	81
Al Conde de Niebla, don Manuel Alonso Pérez de Guzmán el Bueno	83
No cual cisne con su canto	85
Sale el Sol y salís vos	89
Sale el Sol y salís vos	93

Libros a la carta 97

Brevísima presentación

La vida

Luis Carrillo y Sotomayor (1585-1610). España.
De familia noble, era hijo de Fernando Carrillo y de Francisca Valenzuela y Faxardo. Estudió en Salamanca antes de iniciar la carrera militar en la Marina.

Fue caballero de la Orden de Santiago y comendador de la Fuente del Maestre. La poesía de Carrillo fue antologada por su hermano Alonso en *Obras de don Luis Carrillo y Sotomayor*, Madrid, 1611.

El conceptismo y el culteranismo tienen en Luis Carrillo un precedente de referencia.

Sonetos

Hablando un ausente a la fuente

Lloras, oh solitario, y solamente
tu llanto te acompaña, que, lloroso,
el eco usurpa deste valle umbroso
y el triste oficio desta dulce fuente.

¡Ay, cómo en escucharte alivio siente
mi pecho, en sus diluvios caudaloso!
A no ser natural tu son quejoso,
mereciera una ausencia tu corriente.

Lloremos juntos, pues, y dure tanto
que al brío desta fuente presurosa
le dilate sus términos el llanto.

Mas vencerá mi ausencia querellosa,
pues de una ausente ingrata el dulce encanto
es causa a más efectos poderosa.

A una ausencia, partiéndose en galeras

Usurpa ufano ya el tirano viento
a las velas los senos extendidos.
¡Adiós, playas, ya os pierdo! ¡Adiós, erguidos
montes a quien venció mi pensamiento!

Ya es mar también el uno y el otro asiento
en mis ojos, de lágrimas ceñidos,
por perderos, oh montes, más perdidos:
tal pierdo, triste tal, así tal siento.

Ya esconde el ancho mar, en sí orgulloso,
las frentes de los cerros levantados,
en sus soberbias olas caudaloso.

Así divide ausencia mis cuidados;
mas no podrá jamás, oh dueño hermoso,
de ti, mis pensamientos abrazados.

A la alteza del pensamiento y su consuelo

Pues servís a un perdido, y tan perdidos,
dejadme, pensamientos desdichados.
Basten los pasos por mi mal andados,
basten los pasos por mi mal perdidos.

¿Qué, osados, me queréis? ¿A do, atrevidos,
montes altos ponéis de mis cuidados?
Mirad vuestros iguales fulminados,
mirad los robles de su piel vestidos.

Dan vida a mi mediano pensamiento
el ver un pino y una fuente clara
en esta soledad que el alma adora.

El árbol tiembla al proceloso viento,
corrida el agua, de humildad, no para;
que el alto teme y el humilde llora.

A los despojos del rayo de Júpiter

Viste de ejemplo el tronco y de fiereza,
este que ves Centímano arrogante,
aun muerto, dura en el feroz semblante
el ánimo que opuso a tanta alteza.

Parias en humildad da a la grandeza
del siempre vencedor Altitonante,
y así el árbol humilde el arrogante
rostro humilla, humillando su cabeza.

Señales mira en él del rayo ardiente
de Júpiter; respeta los despojos,
¡oh tú!, que admiras, triste, esta memoria.

Frescas aún viven en la altiva frente;
toma en ella consejo, abre los ojos,
y vete, que harto debes a su historia.

Al ejemplo de cosas que fueron y se acabaron

El imperioso brazo y dueño airado,
el que Pegaso fue, sufre paciente;
tiembla a la voz medroso y obediente,
sayal le viste el cuello ya humillado.

El pecho anciano de la edad arado,
que amenazó desprecio al oro, siente,
humilde ya, que el cáñamo le afrente,
humilde ya, le afrente el tosco arado.

Cuando ardiente pasaba la carrera,
solo su largo aliento le seguía;
ya el flaco brazo al suelo apenas clava.

¿A qué verdad temió su edad primera?
Llegó, pues, de su ser el postrer día,
que el cano tiempo, en fin, todo lo acaba.

A la ligereza y pérdida del tiempo

¡Con qué ligeros pasos vas corriendo!
¡Oh, cómo te me ausentas, tiempo vano!
¡Ay, de mi bien y de mi ser tirano,
cómo tu altivo brazo voy sintiendo!

Detenerte pensé, pasaste huyendo;
seguíte, y ausentástete liviano;
gastéte a ti en buscarte, ¡oh inhumano!
mientras más te busqué, te fui perdiendo.

Ya conozco tu furia, ya, humillado,
de tu guadaña pueblo los despojos;
¡oh amargo desengaño no admitido!

Ciego viví, y al fin desengañado,
hecho Argos de mi mal, con tristes ojos
huir te veo, y veo te he perdido.

Al cuidado de la memoria del amor

Mientras que bebe el regalado aliento
de tu divina boca, ¡oh Laura mía!;
mientras asiste al Sol que roba al día,
por más hermosa luz, luz y contento,

tu dueño; o ya repose —¡oh blando asiento!—
su cuello en ése que a la nieve fría
prestar color, prestar beldad podría,
¡vuelve, si no la vista el pensamiento!

¡Ay, si acaso, ay de mí, lucha amorosa
la lengua oprime! ¡Oh bien dichoso amante,
si no más, si oprimiere desdeñosa!

No olvides a tu ausente, a tu constante:
que es ave el pensamiento, ¡oh Laura hermosa!
y llegará a tu Fabio en un instante.

Al desengaño de la fiereza del amor

Cuando me vuelvo a mí, y el dulce engaño,
que en deleznables lazos busco y sigo,
conozco al alma, aunque tirano amigo,
por corto tengo el mal, por corto el daño.

Mas cuando no, con el dolor tamaño
que el alma abraza, querelloso digo:
«¡Ciega mi enfermedad, duro enemigo!
¡Oh Amor, tal eres en tu enojo extraño!»

Cruel estrella se entregó a mi suerte,
pues de ciegos recelos oprimida,
desconociendo el bien, el mal advierte.

Mas solo alienta en mí tan honda herida,
el ver que el tiempo, si me da la muerte,
el mismo tiempo me ha de dar la vida.

A la flor de la juventud

De Flori tierna flor, coroné el suelo,
cual de gloria la frente de un Albano.
Albano gime, Flori llora en vano.
¡Ay, cuánto ríe aquesto el alto cielo!

De larga envidia mi purpúreo velo
colmó la presunción de algún verano.
Pues Diciembre me vio, mas inhumano,
como era tierna flor, me robó el hielo.

Vaso lloroso, oh caminante, encierra
y bien lloroso, pues lo ha sido tanto
de mi caduca flor, caduca tierra.

Blandas palabras di, sosiega el llanto;
así tu juventud burle la guerra
de aquel ladrón de su florido manto.

A la eternidad del pensamiento

No solo envidia al suelo, no envidiada
solo tu altiva frente de una estrella
era, ¡oh gallarda torre, cuanto bella
temida, y cuan temida respetada!

Ya (¿qué no allana el tiempo?) derribada
creces llanto a Sagunto; niega vella
la yedra, huésped que se abraza en ella,
o ella se esconde en ella de afrentada.

No le prestó su fe, su fortaleza;
mas ¿qué homenaje deja el tiempo duro
que en brazos de sus alas no dé al viento?

No hay bronce que a su fuerza esté seguro.
Tú, triste, eternidad, valor, firmeza
busca, no a bronce o torre, a un pensamiento.

Canciones

Huyen las nieves, viste yerba el prado

1 «Huyen las nieves, viste yerba el prado,
enriza su copete el olmo bello;
humilla el verde cuello
el río, de sus aguas olvidado;
para sufrir la puente,
murmura de sus ojos la corriente.

Muda a veces la tierra, triste y cano
mostró en blancura el rostro igual al cielo.
Desechó, ufano, el hielo;
vistió el manto florido del verano;
mostrónos su alegría,
en brazos de horas, el hermoso día.

El que altivo luchaba con la tierra
y, aunque fuerte, temía entre sus brazos,
da apacibles abrazos
al alto roble que templó su guerra;
y, siendo tan violento,
solo es ladrón en flores, de su aliento.

Muestra el fértil otoño, caluroso,
el escondido rostro en fruto y flores,
envidian sus colores
en arco el iris, en su carro hermoso
el dueño del Oriente:
afrenta el hielo la risueña fuente.»

Esta verdad dijeron, cuando daba,
celos, deshecha el alma en triste llanto

por tu ausencia, entre tanto,
que mi dicha tu olvido disfrazaba,
para engañarme, en perlas:
salió el alma a los ojos para verlas.

Mas la esperanza firme, por ser mía,
así altiva responde a su tirano:
«Vuelve el invierno cano,
volverás, Celia, cual la escarcha fría:,
en su verdad espero,
si a manos antes de mi fe no muero.»

Baña el cansado rostro, caluroso

2   Baña el cansado rostro, caluroso,
en el soberbio mar el Sol, y, triste,
celos y agravios viste
el viudo prado y viudo cielo hermoso,
y, por gemir enojos,
trocara en lengua sus dorados ojos.

De su tierno oscuro temerosas,
son cárcel de sí mismas, enojadas,
las flores, encerradas
entre sus verdes brazos, y, llorosas,
niegan su blando aliento,
por no darle a la noche envuelto en viento.

Los laureles, que alzados requebraban
con amorosa voz el alto cielo,
prestan lenguas al suelo,
y endechas lloran los que amor cantaban:
y, por su dueño ausente,
llanto es la risa de la hermosa fuente.

La blanca Aurora con la blanca mano
abre las rojas puertas del Oriente;
ofrece, firme ausente,
las lágrimas lloradas, verde, el llano,
que él medio heló al verterlas
y entre esmeraldas las guardó por perlas.

Desata, alegre, el placentero gusto
la dulce voz del ruiseñor pintado;

lamenta en delicado
acento el mando de la noche injusto,
y, firme en su congoja,
ya en voz es ave, ya en color es hoja.

El álamo, que fue a la temerosa
vid, de la noche oscura amparo y guarda,
trepa, alegre y gallarda,
a ver del claro Sol la luz hermosa,
y por la nueva dada,
le corona la frente levantada.

La tristeza que el cielo, el ancho prado,
pasa sin Sol; el gusto y alegría
con que recibe el día,
al verse de sus rayos coronado,
mi pecho, ¡oh Celia!, siente:
en tu presencia, vivo; muerto, ausente.

Crece a medida de mi ausencia amarga

3
Crece a medida de mi ausencia amarga,
que es de mi fe la basa, su fiereza,
con mi amor firmeza,
más fuerte y alto mientras más se alarga.
¡Ay!, soberbio gigante
el cielo mide, un tiempo tierno infante.

De mis dulces memorias oprimido,
corre al soberbio mar más presuroso
Guadalete quejoso
dure tanta memoria en tanto olvido,
y, de la fe admirado,
huye, no corre ya, de mi cuidado.

Antes, del tiempo, la cerrada pluma
corte a sus filos negará, rendida;
la mar embravecida
antes no escribirá con blanca espuma
contra la nave airada
la sentencia en sus olas fulminada;

antes, cuando el Sol sale más hermoso,
dejará de envidiar tu rostro bello,
y el cristalino cuello,
de su carro el Aurora, presuroso,
y las discretas flores
lo mejor de su ser en tus colores,

que deje el pecho tan dichosamente
de adorar esos ojos soberanos

y ofrecer con sus manos
su laurel, aunque humilde, a aquesa frente;
y a mí, el que he merecido,
Guadalete, por firme, entre su olvido.

¡Oh tú, detén el paso presuroso!

4　　¡Oh tú, detén el paso presuroso!
Ciego, cual yo me vi, deténle ruego,
antes que afirmes por tu mal lloroso
y alimenten tus lágrimas tu fuego;
acorta el paso, y solo aquesto advierte:
te sobra tiempo de buscar tu muerte.

Antes que entregues ciego a un mar airado
cuanto manso le ves, tu navecilla,
y trueques de ti, ay triste, ay desdichado,
por su engañoso golfo aquesta orilla,
aconséjete, ¡oh Mopso!, aquesta entena
y aquesta quilla que aun le viste arena.

Mira esta rota entena, que ofrecía
en sus brazos desprecio al mayor viento,
mira la fuerte proa, con que abría
de su engañoso humor el elemento,
vestir de ejemplo aquestas playas solas,
y de desprecio y burla aquellas olas.

Mira la jarcia, freno con que pudo
regirse mientras, cuerda, sufrió freno,
atestiguar, aunque testigo mudo,
lo que yo te aconsejo y lo que peno;
mira esta tabla, deste ramo asida,
ministro de mi muerte y de mi vida.

Mi vestidura apenas ha dejado,
humedecida gracia a mi ventura,

reliquias triste del humor salado,
aun de su bien y el mío no segura;
colgar la ves y allí temblar su daño,
opuesta al claro Sol del desengaño.

Cual tú, hermoso mar de hermosos ojos
hallé; dichosa se llamó mi suerte,
vistieron su bonanza sus enojos;
sus enojos también la misma muerte,
y della y dellos escapó mi vida,
amarga, apenas desta tabla asida.

Esta entena que ves, la coronada
playa, de las astillas de mi leño;
la jarcia, en esas peñas abrazada:
testigo mío, ejemplo tuyo enseño;
dichoso tú, si en desventura ajena,
sabes joven, buscar la tuya buena.

Hija de noble selva, cual presume
tu nave altiva y fuerte, fue la mía;
mas este anciano tiempo que consume
cuanto miras, la trujo al postrer día:
y a ti, cual trujo a mí, si aquesta mudo
ejemplo, a su poder no te es escudo.

Aunque mudo, te habla, y el violento
enemigo, que buscas, espantoso,
en lenguas, te dirá del fuerte viento,
mi verdad y tu engaño lastimoso:
que poco servirá llorar la tierra
a quien un sordo mar y cielo encierra.

Mi ejemplo, la razón, mi triste llanto
cuanto saben te dicen y has oído.
Sigue tu bien, tu mar, si bien es tanto,
que, si en él entras, con razón perdido
serás; ¡y, bien dichoso, si alguna haya
rota concede beses esta playa!

Sosiega, ¡oh claro mar!, el ancho velo

5   Sosiega, ¡oh claro mar!, el ancho velo,
    muestra el rostro amoroso,
    seguro que esta vez te envidia el cielo.
    Goza blando reposo,
    mientras mi dueño hermoso,
    siendo Sol en tus ondas da a los cielos
    su rostro envidia y tu sosiego celos.

    Sosiega las espumas, codiciosas
    de robar a la esfera
    los Peces que las hacen más lustrosas,
    goce tu vista fiera
    urca altiva y velera,
    que una pequeña barca sufre apenas,
    sin tan gran dueño, el lastre de mis penas.

    Si por besar sus plantas, bullicioso,
    muestra tu cristal ceño,
    (¡cuánto puede el temor!) aunque celoso,
    cuando el terreno isleño
    besare el pie a mi dueño,
    extendiendo sereno, ¡oh mar!, tus lazos,
    le robarán sus besos tus abrazos.

    ¡Ay, cuánto fue cruel el que primero
    aró el campo salado!
    ¡Ay, cuánto, ay cuánto fue de puro acero!
    Teme el pecho abrasado,
    de un risco fue engendrado,
    pues no gimió también su osado intento,
    de miedo el triste, si de enojo el viento.

¿Con qué rostro temió la cana muerte
aunque más espantoso?
¿Con qué rostro miró su altiva suerte?
¿Quién no temió furioso,
tal, el mar proceloso,
pues subiera sin fin su osado vuelo
a no impedillo con su frente el cielo?

¡Oh, duro pecho aquél, oh duros ojos
no anegados en llanto,
pues no temieron ser tristes despojos
ya, hechos, del espanto,
cuando miraron tanto
morador escamoso beber fiero,
y vista hambrienta, aun al veloz madero!

Mas ya mis quejas veo han suspendido
sus enojos al viento;
y en lazos de cristal claro, extendido,
se muestra el que violento
buscó en el cielo asiento,
y ya la playa, que azotaba airado,
blando regala, abraza sosegado.

Y a ti, ¡oh sereno mar!, que ya süave
gozas sosiego y calma,
en nombre mío, de mi dueño y nave,
recebirás por palma
desta cordera el alma,
que, a tu blando sosiego agradecida,
la desnuda mi mano de su vida.

Décimas a Pedro de Ragis, pintor excelente de Granada

Pues que imita tu destreza

1   Pues que imita tu destreza,
     ¡oh Ragis!, no al diestro Apeles,
     en la solercia, en pinceles,
     en arte, industria y viveza,
     sino a la Naturaleza
     tanto que el sentido duda
     si tiene lengua, o es muda,
     la pintura de tu mano,
     o si el Pintor soberano
     a darle alma y ser te ayuda.

Hoy favorecido dél

2 Hoy favorecido dél,
tabla o lámina prepara
para la empresa más rara
que emprendió humano pincel;
pinta al Arcángel Gabriel,
gloria de su Hierarquía,
con el aire y gallardía
de la más hermosa dama
que LOA Y SAlva la fama
anunciando a su Mesía.

No traces ni hagas bosquejo

3   No traces ni hagas bosquejo
de esta admirable pintura,
sin mirarte en la hermosura
de quien della es luz y espejo,
que aunque sigas mi consejo,
no saldrá el retrato tal
que iguale al original;
anima y esfuerza el arte,
podrá ser que imite en parte
su belleza celestial.

Para retratar su pelo

4
Para retratar su pelo,
del oro las hebras deja
y húrtale su madeja
al rubio señor de Delo;
los rayos digo que al suelo
más ilustran y hermosean,
que rayos quiero que sean
de luz, si de fuego son,
porque el alma y corazón
con más fuego y luz le vean.

Fórmale rizado en parte

5
Fórmale rizado en parte,
que hace riza, y ha de ser,
red no, casa de placer
del amor Venus y Marte;
lo demás vuele sin arte
por el cuello y por la espalda;
del rubí, de la esmeralda
y brillante pedrería,
que el Sol con sus hebras cría,
le ciñe rica guirnalda.

Deja colores del suelo

Deja colores del suelo
para dibujar su frente
y tome el pincel valiente
lo más sereno del cielo;
tu cuidado y tu desvelo
de la vía láctea, breve
parte tome, si se atreve,
y saldrá desta mixtura
serenidad y blancura
de cielo claro y de nieve.

Cambia al ébano el color

7
Cambia al ébano el color
y con él en vez de tinta,
dos iris hermosas pinta
en este cielo menor,
prendas que nos da el amor
de paz y serenidad;
mas si encubre su beldad
nube de ceño, o se estiran,
arcos son, y flechas tiran
de justa inhumanidad.

Alienta el pincel y copia

8 Alienta el pincel y copia,
si tú el aliento no pierdes,
dos soles, dos niñas verdes,
luz de mi esperanza propia;
de rayos perfila copia
en una y otra pestaña,
pero de sombra los baña
si no quieres quedar ciego,
aunque, si ciega, su fuego
admira, eleva, no daña.

Recoge su honesta vista

9   Recoge su honesta vista
con grave modestia, y guarte
no mire más que a una parte,
que no habrá quien la resista.
Almas y vidas conquista
de lo más grave y más fuerte,
que es fuerte como la muerte
su mirar dulce y suave;
mas dichoso aquel que sabe
que le ha cabido tal suerte.

Forma dos nubes hermosas

10 Forma dos nubes hermosas
embestidas destos soles
o dos bellos arreboles
o dos virginales rosas;
(pues que no nos da otras cosas
de otra belleza más rara
la naturaleza avara);
y harás sus mejillas dellas,
más hermosas y más bellas
que las del Aurora clara.

Romances

Ya con la salud de Celia

1   Ya con la salud de Celia,
viendo sus ojos divinos,
cielos los montes parecen,
y los valles paraísos.

Ya, al alba llena de flores,
perlas le daba el rocío,
la Luna plata a la noche,
y el día al Sol oro fino.

Ya como al Sol la reciben,
cantando los pajarillos;
ya se le ríen las fuentes,
ya se le paran los ríos

ya se coronan las sierras
de romeros y tomillos,
mostrando en hojas, y en flores
esmeraldas y zafiros,

topacios y girasoles,
ya son turquesas los lirios,
las azucenas diamantes,
y los claveles jacintos.

Ya le daban los pastores
parabiones infinitos,
en tanto que la recibe
con esta canción Lucindo:

«Con salud, Zagala,
más bella que el Sol,
bajéis a estos valles
a matar de amor.

Con salud bajéis
a matar de amores,
y a que broten flores
do los pies ponéis.

Mil años gocéis
vuestro hermoso Abril,
Celia, y otros mil,
dando luz al Sol,
bajéis a estos valles
a matar de amor.»

Venus, Palas y Diana

2   Venus, Palas y Diana,
tres diosas, a quien contempla
la naturaleza humana,
por crisol de su belleza,

conciertan de entretenerse
en una agradable siesta,
de las que el hermoso Mayo
dentro de su curso encierra.

Y como la hermosa Venus
al pastor Lucindo muestra
de amalle con voluntad,
le manda al punto que venga

a un lugar donde le aguardan
todas tres, para que entienda,
que al pellico de sayal
estiman y reverencian.

Y que en todo su rebaño
no hay pastor que más merezca,
y, como a tal le permiten,
que les venga a dar ofrenda.

Tomó el cayado el pastor,
y para su bien se apresta,
llegó donde están las diosas,
y haciendo la reverencia,

a Palas rindió el cayado,
y a Diana los pies besa,
y a Venus entrega el alma,
por ser la que le alimenta.

Recíbenlo las tres diosas,
y, porque acaso no venga
de Venus la sacra madre,
le visten de su librea.

Tuvo la siesta el pastor
tan en gloria, que quisiera
ser aquel grande Alejandro
para dar la recompensa.

A las lenguas de los mares

3   A las lenguas de los mares
de sus ojos, un garzón
así desató sus penas,
y así las escuché yo.

«Peñascos», dijo, «de España,
que resistiendo al mar hoy,
en vuestras eternas quejas
sois hijos de mi pasión:

ved la causa della y dellas.»
Dijo, y del pecho sacó,
según crecieron los llantos,
nuevas penas, más dolor.

Acerquéme, y juzgué luego
que era idólatra el pastor,
pues adoraba a un retrato,
que era al parecer del Sol.

Lleguéme más por miralle,
mas, de un divino calor
mi libertad temerosa,
le adoró, no le miró.

Juzgué su frente nevada,
que sin duda retrató
Naturaleza en su blanco
hielos de su condición.

Solo parte de mi vista
más atrevida, juzgó
negros los crespos cabellos,
librea de su dolor.

Eran pobladas las cejas;
y así el zagal las llamó
pobladas como sus penas,
iguales cual su pasión.

Sus ojos no hay retratallos;
pero sus efectos son
morir siempre en su hermosura,
vivir siempre en su rigor.

Y esto juzgué desde lejos,
y que lloraba el pastor
unos efectos de ausencia,
cuando así se oyó una voz:

«Zagal, de tu niña
no es descuido, no,
que se habrá dormido,
que es niño el Amor.

Aunque es niño y tierno,
es gran rey, y yo
sé que sus palabras
cumple con rigor.

Sufre en este invierno
de ausencia, amador.

Vencerás, no temas,
pues te ayuda un dios.

De él, ni tu zagala,
no es descuido, no,
que se habrá dormido,
que es niño el Amor.

Zagal, de tu niña
no es descuido, no,
que se habrá dormido,
que es niño el Amor.

No me acabes pensamiento

4
No me acabes pensamiento,
o ya que quieres que muera,
dame muerte menos fuerte,
que la que me das de ausencia.

Amor arquero, dios pobre,
rey, que sobre el alma reinas
ya estoy rendido y sujeto,
no gastes en mí tus flechas.

Carcelero pensamiento,
pues guardo tu prisión fiera,
del calabozo me saca,
en que me tienes de ausencia.

Y tú, esperanza, que vives,
conmigo, y con la firmeza,
no te vayas y me dejes
con dolor, tormento y pena.

Acuérdate, amor, que soy
de Amarilis, y no quieras,
que muera ausente a sus ojos,
pues quieres, por ella muera.

Sáquenme de la prisión,
y castíguenme a su puerta,
que es bien do se hace el delito,
que se ejecute la pena.

Ojos negros de mis ojos

5   Ojos negros de mis ojos,
traidores, bellos y graves
ídolos del alma mía,
flechas de mi amor gigante,

nuevo templo de mi amor,
adonde mil votos hace
el alma, de más quererte,
sin que ninguno quebrante.

Yo aquel, señora del alma,
a quien tu color le hace
un Miércoles de Ceniza,
siendo en las desdichas Martes.

Yo el garzón más bien nacido,
de todos los destas partes,
que siempre estoy con nacidos,
por tener tantas comadres.

Yo, en fin, aquel boquirrubio,
que solo sabe adorarte;
el que tus mentiras cree,
quiere, si escuchas, cantarte:

«Eres el amparo mío,
que cuando más soledades
me acompañan, tus memorias
danme vida, aunque me acaben.

Tú, sola, eres de mis ojos
la antepuerta, que me hace,
que solo tus gustos vea,
y olvide todos mis males.

Son tus ojuelos, tu rostro,
cabellos, donaire y talle,
no más de hechura tuya,
que no hay a qué compararse.»

Esto acabó de cantar
a su donosa, una tarde,
un amante deste tiempo,
que burlas y veras sabe.

Redondillas

Si bien de mis accidentes

1   Si bien de mis accidentes
son ancianos los cuidados,
mis bienes son los pasados,
y mis males los presentes.

Y así, en gran conformidad
tiene el dolor que poseo,
arraigado en mi deseo,
vislumbres de eternidad.

A mil de aquestos enojos
que mi pecho y alma sienten,
¿quién duda que los desmienten
las mentiras de mis ojos?

Pero no merezca espanto
que se esconda su rigor,
pues se afrenta mi dolor
de que se le atreva el llanto.

Al alma con lazo estrecho
encumbre el mal abrazado
porque en celar su cuidado
aún es amante mi pecho.

Querrélo, aunque más me den
mensajes que estoy mortal,
que estimo mucho mi mal,
porque fue un tiempo mi bien.

Y así, en trueque de la palma
de tan sabrosas victorias,
estas ardientes memorias
ofrece a tu gusto el alma.

Mas, para ya el discurrir,
pues tan triste imaginar,
en su ordinario cesar
en desear y sentir.

Al Conde de Niebla, don Manuel Alonso Pérez de Guzmán el Bueno

2
Si diere lugar mi llanto,
que, en mis esquivos enojos,
el ocio quitó a mis ojos
y el ocio le dio a mi canto,

osara, pero el tormento
de mis penas desiguales,
solo al tono de mis males
tiene diestro el instrumento;

porque de mis duros casos
es ya tan uso el rigor,
que solo al son del dolor
acierta mi voz los pasos.

Y así, aunque tal ocasión
diverso estilo merece,
por mi dolor prevalece
la costumbre a la razón.

Vos, dichosamente altivo,
un nuevo Apolo espiráis,
y con tal plectro os mostráis
como nuevo Horacio vivo.
Tal que, o ya el negro bridón

del mar mandéis, o la Lira,
su Jasón la mar admira,
y la lira su Amfión.

¿Qué os diré? Pero, alabar
es solo asunto de Apolo,
al que no cabe en un polo,
al que no abrazó una mar.

No cual cisne con su canto

3   No cual cisne con su canto
hago endechas a mi muerte,
que, aunque es amarga su suerte,
es más amargo mi llanto.

Bien sé, ingrata, que el negarte
fue miedo de enternecerte,
que se trocara mi suerte
en mirarme o yo en mirarte.

Yo te perdí y he perdido
triste con razón la vida,
que es justamente perdida
habiéndote conocido.

Yo tengo, en fin, de morir;
que el mayor mal —que es ausencia—
intenta sin tu presencia
el persuadirme el vivir.

Pues ¿cómo viviré ausente?
No lo querrán mis enojos,
si pierdo al Sol de tus ojos
y si al cristal en tu frente.

¿Cómo, en mi amoroso ardor,
sin la nieve de ese pecho,
cuanto más brota deshecho
llamas mi escondido amor?

Perdí en tus mejillas bellas
al Abril más matizado,
cuando hermoso y confiado
compite flores a estrellas.

Perdí del rojo arrebol
de la aurora, lo más fino,
pues se queja en su camino
que se lo robaste al Sol.

Perdí en tu divino aliento
el aliento del verano,
cuando del florido llano
es manso ladrón el viento.

Perdí en tus cejas y boca
al ébano y al coral;
en tus dientes, el cristal
desasido de la roca.

Perdí en perder esas bellas
manos toda mi esperanza,
la señal de mi bonanza,
en faltar tales estrellas.

Perdí en tu talle gentil
la envidia de la hermosura
de Apeles en su pintura,
de Lisipo en su buril.

Y tanto, triste, he perdido
que, en mi terrible dolor,

solo agradezco al Amor
el verme, por ti, perdido.

Sale el Sol y salís vos

4
Sale el Sol y salís vos;
¿quién duda tema la tierra?:
que si el uno la hizo guerra
mejor se la han de hacer dos.

El uno sale encendido,
sin duda que está enojado,
como le habéis eclipsado,
si no enojado, corrido.

Vos, gallarda y orgullosa,
dais guerra con fuego al cielo,
y abrasáis, Lisi, sin duelo,
aquí enojada, aquí hermosa.

Aquél, vencido, procura
con sus armas su defensa,
y aunque son rayos su ofensa,
lo es mayor vuestra hermosura.

Defiende su parte el cielo,
y hasta pequeñas estrellas
prestan al Sol sus centellas
para castigar el suelo.

La tierra no descuidada
roba desde sangre a perlas,
alegre de enriquecerlas
en vos, como el cielo airada.

Mas vos —cuan altiva, hermosa—
sus deseos despreciáis,
y que os robaron lloráis
lo que gozan perla y rosa.

No sigo tal parecer,
que ellas, con vos comparadas,
para ser de vos hurtadas
más hermosas han de ser.

Porque salga más galán
le da el Aurora su aliento,
mas sale vano su intento,
pues las flores os le dan.

El aire pensó tocalle,
dale el Sol buen aire; erróse
Y aunque se le dio, corrióse,
pues vino el vuestro a afrentalle.

Vióse al fin que su grandeza
quiso, enojado, ofenderos;
mas quebraste sus aceros
mostrando vuestra altiveza.

Enojado y presuroso
—que es mozo y se corre el Sol—,
de vergonzoso arrebol
lleno dejó el carro hermoso.

Escondióse, y sus enojos
por suplir, la oscura noche,

y por veros en su coche,
salió toda llena de ojos.

Sale el Sol y salís vos

5   Tened, ojos de mis ojos,
ojos enfrenad el llanto,
pues solo ayuda el ser tanto
a anegarme en mis enojos.

Con tal cristal no os vengáis
de vuestro enojo del día,
pues su beldad y alegría
entristecéis y afrentáis.

Basta lo que habéis llorado
que, si crecéis mis enojos,
tanto llorarán mis ojos
que habréis de salir a nado.

Mirad, divina señora,
que si vertéis tantas perlas,
celos me darán en verlas
dadas al Sol por la Aurora.

Mirad que, aunque el pecho ardiente
agua pide, no ayudáis,
Lisi, con la que lloráis,
pues crecéis el accidente.

Las lágrimas que vertéis
son cristal; Sol, vuestros ojos;
enciéndenlos sus enojos:
mirad si no abrasaréis.

Y es mi pena tan terrible,
tal en mí su ardor, es tanto,
que en parte huye mi llanto
dél, que es su fuerza insufrible.

Mirad si con derramar
dos perlas, tal me habéis puesto;
¿qué hará si echamos el resto
yo en sentir, vos en llorar?

Que las escondáis os ruego,
que, si el llorar dura tanto,
después que me falte el llanto,
llorarán mis ojos fuego.

Y, si faltaren centellas
con que yo en mi mal escriba,
suplirá la sangre viva
la falta que han de hacer ellas.

Y, cuando ella se aniquile,
el corazón que os he dado,
no dudéis que, desatado,
por mis ojos le destile.

Mas si es vuestro enojo tanto
y es mayor mi sentimiento,
callo, pues anegar siento
mis palabras en mi llanto.

Viene la voz a faltarme,
será porque no me queje;

mas ¿qué mucho que me deje
si viene el alma dejarme?

Fáltame ya qué llorar;
mas, vergonzoso, mi llanto
huyo, porque fuese tanto,
do no se supo estima.

Bueno es quebréis la paciencia,
cuando quiebro el corazón
por vos, y deis ya ocasión
a grave carga de ausencia,

Mi desdicha lo adivina
ya desesperada y muerta,
mas tened por cosa cierta
que no ha quebrado por fina.

Finezas os miré hacer;
mas helado vuestro acero,
de ausencia al golpe primero
se vino el mismo a romper.

Y habiendo tanto quebrado,
quedó, por mi muerte y mengua,
entera una mano y lengua
atrevida a un desdichado.

Libros a la carta

A la carta es un servicio especializado para
empresas,
librerías,
bibliotecas,
editoriales
y centros de enseñanza;
y permite confeccionar libros que, por su formato y concepción, sirven a los propósitos más específicos de estas instituciones.

Las empresas nos encargan ediciones personalizadas para marketing editorial o para regalos institucionales. Y los interesados solicitan, a título personal, ediciones antiguas, o no disponibles en el mercado; y las acompañan con notas y comentarios críticos.

Las ediciones tienen como apoyo un libro de estilo con todo tipo de referencias sobre los criterios de tratamiento tipográfico aplicados a nuestros libros que puede ser consultado en Linkgua-ediciones.com.

Linkgua edita por encargo diferentes versiones de una misma obra con distintos tratamientos ortotipográficos (actualizaciones de carácter divulgativo de un clásico, o versiones estrictamente fieles a la edición original de referencia).

Este servicio de ediciones a la carta le permitirá, si usted se dedica a la enseñanza, tener una forma de hacer pública su interpretación de un texto y, sobre una versión digitalizada «base», usted podrá introducir interpretaciones del texto fuente. Es un tópico que los profesores denuncien en clase los desmanes de una edición, o vayan comentando errores de interpretación de un texto y esta es una solución útil a esa necesidad del mundo académico.

Asimismo publicamos de manera sistemática, en un mismo catálogo, tesis doctorales y actas de congresos académicos, que son distribuidas a través de nuestra Web.

El servicio de «libros a la carta» funciona de dos formas.

1. Tenemos un fondo de libros digitalizados que usted puede personalizar en tiradas de al menos cinco ejemplares. Estas personalizaciones pueden ser de todo tipo: añadir notas de clase para uso de un grupo de estudiantes, introducir logos corporativos para uso con fines de marketing empresarial, etc. etc.

2. Buscamos libros descatalogados de otras editoriales y los reeditamos en tiradas cortas a petición de un cliente.

www.ingramcontent.com/pod-product-compliance
Lightning Source LLC
Chambersburg PA
CBHW022121040426
42450CB00006B/796